MW01230637

npressum
erlag: BABADADA GmbH, Nedderfeld 112 , 22529 Hamburg
Geschäftsführer / Verlagsleitung: Harald Hof
ruck: Books on Demand GmbH, In de Tarpen 42, 22848 Norderstedt

nprint
ublisher: BABADADA GmbH, Nedderfeld 112 , 22529 Hamburg, Germany
Managing Director / Publishing direction: Harald Hof
Print: Books on Demand GmbH, In de Tarpen 42, 22848 Norderstedt, Germany

efitrano fianarana
s Klassezimmer

mizara
dividiere

186/2

solaitrabe
d Taflä

mpampianatra
dr Lehrer

tokontanin-tseko
dr Pauseplatz

taratasy
s Papier

manoratra
schribe

penina
dr Stift

latabatra
dr Schribtisch

fitsipika
s Lineal

boky
s Buech

ankiz
d Sc

kitapo

dr Thek

torosy

s Etui

pensilihazo

dr Bleistift

fandrangitana pensilihazo

dr Spitzer

gaoma

s Radiergummi

rakibolana an-tsary

s Bildwörterbuech

rne fanaovana sary

dr Zeicheblock

sary

d Zeichnig

borosy fandokoana

dr Pinsel

boaty loko

dr Malchaschte

hety

d Schär

lakaoly

dr Liim

kahie fampiasàna

s Üebigsheft

enti-mody

d Huusufgabe

tarehi-marika

d Zahl

manampy

addiere

manala

subtrahiere

mampitombo

multipliziere

mikajy

rächne

taratasy

dr Buechstabe

abidia

s Alphabet

teny

s Wort

lahatsoratra

dr Text

mamaky

läse

tsaoka

d Kriide

lesona

d Lektion

boky fianarana

s Klassäbuech

fanadinana

d Prüefig

sertifikà

s Zügnis

fanamian'ny mpianatra

d Schueluniform

fiofanana

d Usbildig

raki-pahalalana

d Enzyklopädie

oniversite

d Universität

mikraoskaopy

s Mikroskop

sarintany

d Charte

fanariana fako taratasy

dr Papierchorb

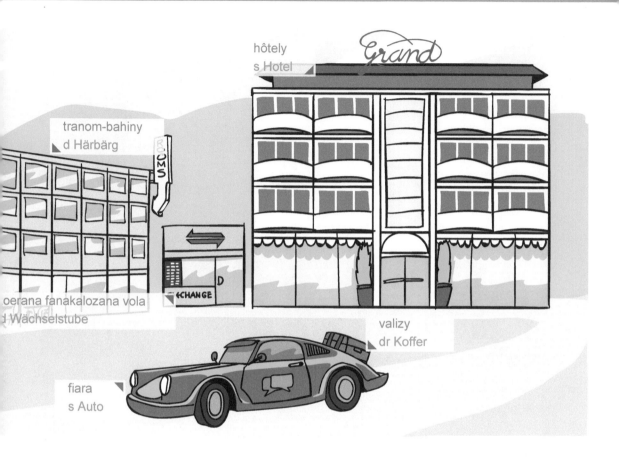

hôtely
s Hotel

tranom-bahiny
d Härbärg

oerana fanakalozana vola
d Wächselstube

valizy
dr Koffer

fiara
s Auto

fiteny

d Sprach

eny / tsia

jo / nei

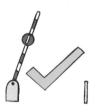

Eny àry

okay

salama

Hallo

mpandika teny

dr Dolmetscher

Misaotra

Dankä

ohatrinona...?

Was chostet...?

Tsy azoko izany

Ich vrstahs nöd

olana

s Problem

Salama ô!

Guete Abig!

Arahaba tra-maraina e!

guete Morgä!

Tsara mandry ô!

guete Abig!

veloma

Uf Wiederseh

fitantanana

d Richtig

entan'ny mpandeha

s Bagaasch

harona

d Täsche

kitapo

dr Rucksack

vahiny

dr Gast

efitrano

dr Ruum

fandriana enti-tànana

dr Schlafsack

tanty

s Zält

rao miandraikitra ny
fizahantany

Touristeninformation

moron-tsiraka

dr Strand

fahana amin'ny karatra

d Kreditkarte

sakafo maraina

s Zmorge

sakafo atoandro

s Zmittag

sakafo hariva

s Znacht

tapakila

s Billet

ascenseur

dr Ufzug

hajia

d Briefmarke

tany manasaraka

d Gränze

fadin-tseranana

dr Zoll

ambasady

d Botschaft

visa

s Visum

paslpaoro

dr Pass

fiara-manidina
s Flugzüg

sambo
s Schiff

fiaran'ny mpamonjy voina
s Füürwehr

fiara fita
dr Bus

kamiao
dr Lastwage

akana aingam-pandeha
s Motorboot

bisikileta
s Velo

fiara
s Auto

sambobe

d Fähri

sambo

s Boot

môtô

s Töff

fiaran'ny polisy

s Polizeiauto

fiara mpihazakazaka

s Rännauto

fiara fanofa

dr Mietwage

zara fiara

s Carsharing

fiara etsy babeko

dr Abschleppwage

fiara mpitatitra fako

dr Chübelwage

môtera

dr Motor

solika

s Benzin

tobin-tsolika

d Tankstell

ndro fifamoivoizana

s Verkehrsschild

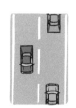

fifamoivoizana

dr Verchehr

fitohanan'ny fifamoivoizana

dr Stau

fitobian'ny fiara

dr Parkplatz

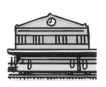

fiantsonan'ny fiaran-
dalamby
dr Bahnhof

lalamby

d Schiene

flaran-dalamby

dr Zug

tramway

d Strassebahn

kalesy

dr Wagon

angidimby

dr Helikopter

seranam-piaramanidina

dr Flughafe

tilikambo

dr Tower

mpandeha

dr Passagier

kaontenera

dr Container

baoritra

dr Karton

chariot

dr Chare

harona

dr Korb

miainga / midina

starte / lande

renivohitra
d Stadt

ambanivohitra

s Dorf

afovoan-tanàna

s Stadtzentrum

trano

s Huus

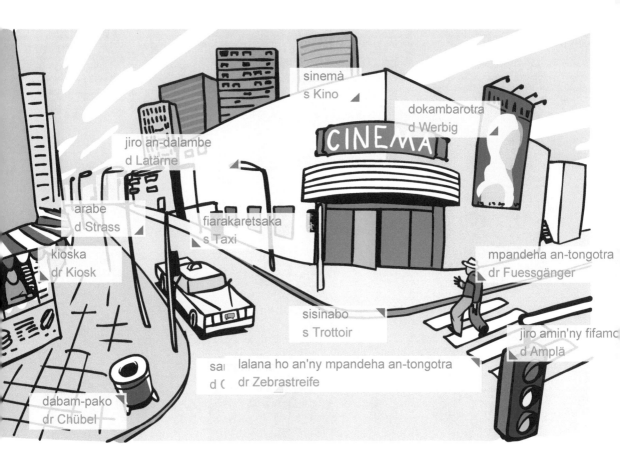

sinemà
s Kino

dokambarotra
d Werbig

jiro an-dalambe
d Latärne

arabe
d Strass

fiarakaretsaka
s Taxi

kioska
dr Kiosk

mpandeha an-tongotra
dr Fuessgänger

sisinabo
s Trottoir

jiro amin'ny fifamc
d Amplä

sa lalana ho an'ny mpandeha an-tongotra
d (dr Zebrastreife

dabam-pako
dr Chübel

trano bongo
d Hütte

tranobe
d Wohnig

fiantsonan'ny fiaran-
datamby
dr Bahnhof

firaisana
s Gmeindshuus

donia
s Museum

sekoly
d Schuel

oniversite

d Universität

banky

d Bank

hopitaly

s Spital

hôtely

s Hotel

farmasia

d Apotheke

birao

s Büro

fivarotam-boky

s Buechgschäft

fivarotana

s Gschäft

mpivarotra voninkazo

dr Bluemelade

supermarché

dr Läbensmittellade

tsena

dr Märt

tranobe fivarotana

s Chaufhuus

mpivarotra trondro

dr Fischhändler

toeram-pivarotana lehibe

s Iihkaufszentrum

seranana

dr Hafe

valan-javaboary

dr Park

latabatra

d Bank

tetezana

d Brugg

totohatra

d Stäge

metrô

d U-Bahn

tonelina

dr Tunnell

fiantsonan'ny fiara
mpitondra olona

d Bushaltestell

bara

d Bar

toeram-pisakafoanana

s Restaurant

atin-taratasy paositra

dr Briefchastä

famantarana an-arabe

s Strasseschild

parcmètre

d Parkuhr

valan-javaboary

dr Zolli

dobo filomanosana

d Badi

moskea

d Moschee

toeram-pambolena

dr Buurehof

loto

d Umwältvrschmutzig

fasana

dr Fridhof

trano fiangonana

d Chile

tokontany filalaovana

dr Spielplatz

tempoly

dr Tämpel

endritany
d Landschaft

ravina
s Blatt

tondro famantarana
dr Wägwiiser

làlana
dr Wäg

kijana
d Wise

vato
dr Stei

hazo
dr Baum

mpihani-bohitra
dr Wanderer

renirano
dr Fluss

bozaka
s Gras

voninkazo
d Bluamä

lemaka

s Tal

vohitra

dr Bärg

laka

dr See

ala

dr Wald

tany hay

d Wüeschti

volkano

dr Vulkan

rova

s Schloss

avana

dr Rägeboge

holatra

dr Pilz

hazom-boanio

d Palme

moka

dr Moskito

lalitra

d Fliege

vitsika

d Ameise

tantely

s Biendli

hala

d Spinne

voangory

dr Chäfer

sahona

dr Frosch

vontsira

s Eichhörnli

trandraka

dr Igel

bitro

dr Haas

vorondolo

d Üle

vorona

d Vogu

gisabe

dr Schwan

lambo

s Wildschwein

cerf

dr Hirsch

voalavo

dr Elch

toha-drano

dr Damm

helisy ahodin-drivotra

d Windturbine

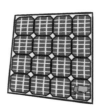

takela-masoandro

dr Sunnekollektor

toetr'andro

s Klima

mpandroso sakafo
dr Chällner

menu
d Spiischartä

seza
dr Stuehl

lasopy
d Suppä

pizza
d Pizza

fitaovam-pihinanana
s Bsteck

lamban-databatra
d Tischdecki

entrée
d Vorspiies

sakafo fototra
s Hauptgricht

desera
s Dessert

zava-pisotro
s Getränk

sakafo
d Läbensmittel

tavoahangy
d Fläsche

fast food
....
s Fast Food

sakafo an-dalambe
....
s Street Food

fitoerana dite
....
d Teechanne

fitoeran-tsiramamy
....
d Zuckerdosä

singany
....
d Portion

milina espresso
....
d Espressomaschine

seza avo
....
dr Hochstuehl

faktiora
....
d Rächnig

lovia fandrosoana sakafo
....
s Tablett

antsy
....
s Mässer

sotrorovitra
....
d Gable

sotro
....
dr Löffel

sotrokely
....
dr Teelöffel

servieta
....
d Serviette

vera
....
s Glas

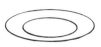

vilia

dr Täller

vilian-dasopy

dr Suppetällär

vilia bory

d Untertasse

saosy

d Sose

fitoeran-tsira

dr Salzstreuer

milina dipoavatra

d Pfäffermühli

vinaingitra

dr Essig

solika

s Öl

zava-manitra

d Gwürz

ketchup

ds Ketchup

voan-tsinapy

dr Sänf

maionezy

d Mayonnaise

fihenam-bidy
s Ahgebot

mpividy
dr Chund

sakafo avy amin'ny ronono
d Milchprodukt

voankazo
d Frücht

chariot
dr lichaufswage

mpivaro-kena

dr Schlachter

mpivarotra mofo

dr Beck

mandanja

wiege

legioma

s Gmües

hena

s Fleisch

sakafo nampangatsiahana

d Tiefkühlprodukt

hena voahendy

dr Ufschnitt

sakafo am-by fotsy

d Konsärve

vovon-tsavony

s Wöschmittel

vatomamy

d Süessigkeite

fitaovana an-tokatrano

d Huushaltartikel

fitaovana fanadiovana

s Putzmittel

mpivarotra

d Verchäuferin

toerana fandoavam-bola

d Kassä

mpandray vola

dr Kassierer

ry ny zavatra vidiana

d Ihchaufsliste

ora fiasana

d Öffnigszite

portefeuille

s Portemonnaie

ana amin'ny karatra

d Kreditkarte

harona

d Täsche

harona plastika

dr Plastiksack

rano

s Wasser

ranom-boankazo

dr Saft

ronono

d Milch

coca

d Cola

divay

dr Wii

labiera

s Bier

toaka

dr Alkohol

sôkôlà mafana

s Ovi

dite

dr Tee

kafe

dr Kafi

espresso

dr Espresso

cappuccino

dr Cappuccino

akondro

d Banane

paoma

dr Öpfel

laoranjy

d Orange

voatango

d Melone

voasarimakirana

d Zitrone

karaoty

s Rüebli

tongolo gasy

dr chnoobli

volobe

dr Bambus

tongolo

d Zwiblä

holatra

dr Pilz

voamaina

d Nüss

paty

d Nudle

spaghetti

d Spaghetti

vary

dr Riis

salady

dr Salat

ovy frity

d Pommfrit

ovy voaendy

d Bratherdöpfel

pizza

d Pizza

hamburger

dr Hamburgär

sandwich

s Sandwich

didin-kena

s Gotlett

lambo sira

dr Schinkä

salami

d Salami

saosisy

s Würschtli

akoho

s Huehn

hena mendy

dr Bratä

trondro

dr Fisch

varin-tsoavaly

d Haferflocke

muesli

s Müesli

cornflakes

d Cornflakes

lafarinina

s Mähl

croissant

s Gipfeli

mofodipaina kely

s Brötli

mofo

s Brot

mofo natono

dr Toscht

bisky

s Guetzli

dobera

d Butter

fromazy fotsy

dr Quark

mofomamy

dr Chueche

atody

s Ei

atody nendasina

s Spiegelei

fromazy

dr Chäs

lagilasy

d Glace

siramamy

dr Zucker

tantely

dr Honig

kaonfitira

d Gonfi

crème nougat

d Nougat-Creme

curry

s Curry

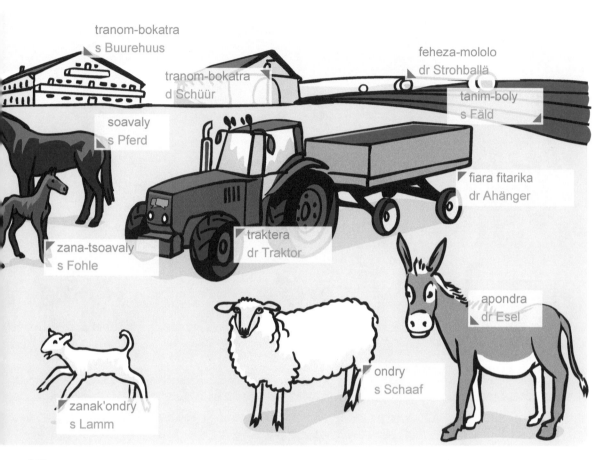

tranom-bokatra
s Buurehuus

tranom-bokatra
d Schüür

feheza-mololo
dr Strohballä

tanim-boly
s Fäld

soavaly
s Pferd

fiara fitarika
dr Ahänger

zana-tsoavaly
s Fohle

traktera
dr Traktor

apondra
dr Esel

ondry
s Schaaf

zanak'ondry
s Lamm

osy
d Geiss

omby vavy
d Chueh

omby
s Chalb

kisoa
d Sau

zana-kisoa
s Ferkel

omby
s Rind

gisa

d Gans

gana

d Änte

zanak'akoho

s Küke

akoho vavy

s Huähn

akoho lahy

dr Güggel

voalavo

d Ratte

saka

d Chatz

voalavo tondro

d Muus

omby

dr Ochse

alika

dr Hund

tranon'alika

d Hundehütte

fantsona fanondrahana rano

dr Garteschluuch

fanondrahana

d Giesschanne

antsy biloka

d Sägese

angadin'omby

dr Pflueg

antsim-bilona

d Sichel

antsetra

d Hacke

farango vy

d Heugable

famaky

d Axt

borety

d Garette

dababe

dr Trog

boatin-dronono

d Milchchanne

harona

dr Sack

fefy

dr Haag

tranom-biby

dr Gadä

talatalan-jaridaina

s Gwächshuus

tany

dr Bode

ambeoka

dr Soome

zezika

dr Dünger

milina mpijinja vokatra

dr Mähdrescher

vokatra

ärnte

vokatra

d Ärnte

saonjo

d Yamswurzle

varimbazaha

dr Weize

saozaha

s Soja

ovy

dr Härdöpfel

katsaka

dr Mais

colza

dr Raps

hazo fihinam-boa

dr Obstbaum

mangahazo

dr Maniok

voamadinika

s Getreide

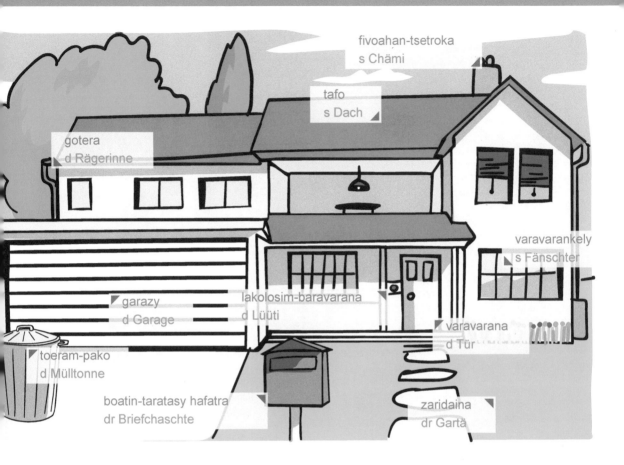

fivoahan-tsetroka
s Chämi

tafo
s Dach

gotera
d Rägerinne

varavarankely
s Fänschter

garazy
d Garage

lakolosim-baravarana
d Lüüti

varavarana
d Tür

toeram-pako
d Mülltonne

boatin-taratasy hafatra
dr Briefchaschte

zaridaina
dr Gartä

ra fandraisam-bahiny

s Stubä

efitra fandroana

s Badzimmer

lakozia

d Chuchi

efitra fatoriana

s Schlofzimmer

efitranon'ny ankizy

s Chinderzimmer

efi-trano fisakafoanana

s Ässzimmer

tany

dr Bodä

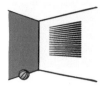

rindrina

d Wand

valindrihana

d Decki

lakavy

dr Chäller

sauna

d Sauna

tsimahalavo

dr Balkon

lavarangana

d Terasse

dobo filomanosana

s Pool

mpanapaka bozaka

dr Rasemäier

lambam-pandriana

dr Bettbezug

koety

d Bettdecki

fandriana

s Bett

kifafa

dr Bäse

sô

dr Chübel

interrupteur

dr Schalter

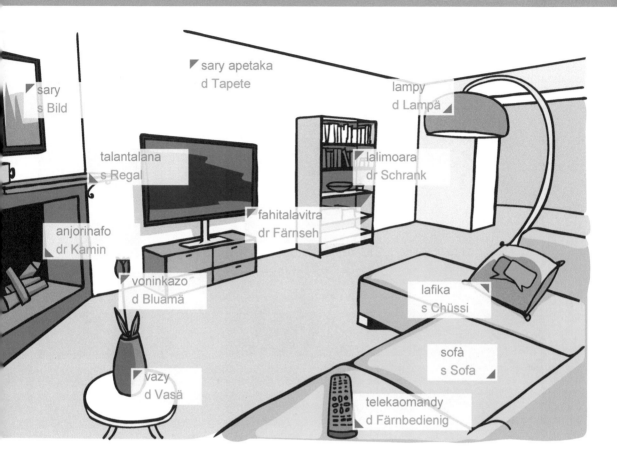

sary apetaka
d Tapete

sary
s Bild

lampy
d Lampä

talantalana
s Regal

lalimoara
dr Schrank

anjorinafo
dr Kamin

fahitalavitra
dr Färnseh

voninkazo
d Bluamä

lafika
s Chüssi

sofà
s Sofa

vazy
d Vasä

telekaomandy
d Färnbedienig

tapis
....
dr Teppich

takom-baravarana
....
dr Vorhang

latabatra
....
dr Tisch

seza
....
dr Stuehl

seza savily
....
dr Schaukelstuehl

seza mihaja
....
dr Sässel

boky

s Buech

lamba firakotra

d Decki

asa fandravahana

d Dekoration

hazo fandrehitra

s Füürholz

horonantsary

dr Film

fitaovana hi-fi

d Stereoahlag

fanalahidy

dr Schlüssel

gazety

d Ziitig

loko

s Bild

sary famantarana

s Poster

radio

s Radio

kahie fanao tadidy

dr Notizblock

aspiratera

dr Staubsuuger

raketa

dr Kaktus

labozia

d Chärze

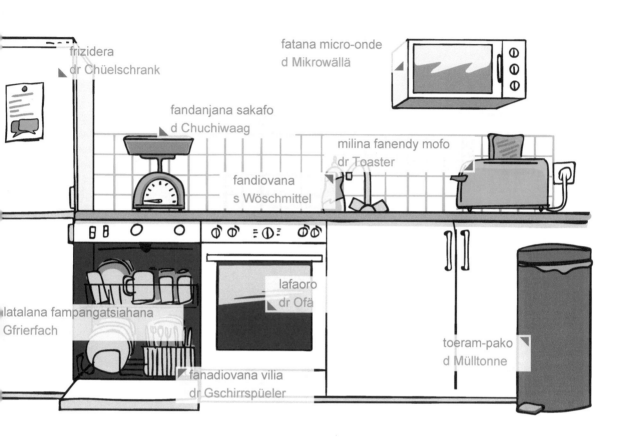

frizidera
dr Chüelschrank

fatana micro-onde
d Mikrowällä

fandanjana sakafo
d Chuchiwaag

milina fanendy mofo
dr Toaster

fandiovana
s Wöschmittel

lafaoro
dr Ofä

latalana fampangatsiahana
Gfrierfach

toeram-pako
d Mülltonne

fanadiovana vilia
dr Gschirrspüeler

lafaoro

dr Härd

vilany

dr Topf

vilany vy

dr lisetopf

wok / kadai

dr Wok / Kadai

lapoaly

d Pfanne

fitaovana fampangotrahana
rano

dr Wasserchocher

vilany mandeha entona

dr Dampfer

lovia fisaka

s Bachbläch

fitaovan-dakozia

s Gschirr

zinga

dr Bächer

vilia baolina

d Schale

hazokely fihinanana

d Stäbli

sotrobe lavatango

d Suppechellä

spatule

dr Pfannewänder

fanakapohana atody

dr Schneebäse

fanatantavanana

s Sieb

lovia sivana

s Sieb

fanakikisana

d Raffle

laona

dr Mörser

kiendiendy

dr Grill

fivoahan'ny setroka

d Füürstell

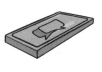

akalana fitetehana

s Schniidbrätt

kodia fandamàna koba

s Nudelholz

fisontonana bosoa

dr Korkäzieher

boaty

d Dosä

fanokafana boaty

dr Dosäöffner

fitazomana vilany

dr Topflappä

lavabô

s Wöschbecki

borosy

d Bürste

spaonjy

dr Schwumm

miksera

dr Mixer

fitaovana fampangatsiahana

dr Gfrierschrank

tavoahanginono

s Babyfläschli

paompy

dr Hahnä

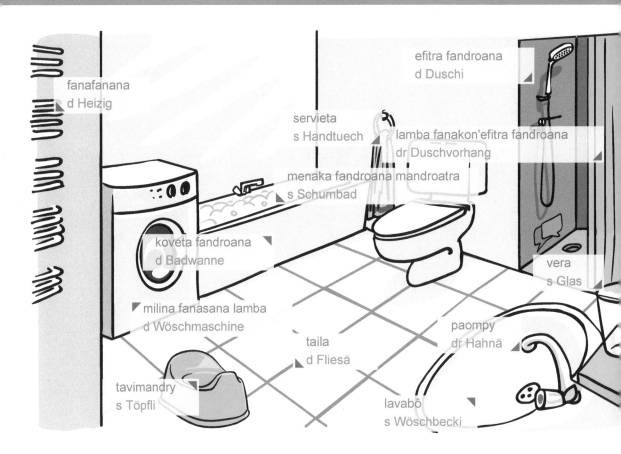

efitra fandroana
d Duschi

fanafanana
d Heizig

servieta
s Handtuech

lamba fanakon'efitra fandroana
dr Duschvorhang

menaka fandroana mandroatra
s Schumbad

koveta fandroana
d Badwanne

vera
s Glas

milina fanasana lamba
d Wöschmaschine

paompy
dr Hahnä

taila
d Fliesä

tavimandry
s Töpfli

lavabô
s Wöschbecki

efitrano fidiovana

d Toilette

kabone mitsingo

s Plumpsklo

bidet

s Bidet

fipipizana

s Pissoir

taratasy fidiovana

ds Toilettepapier

borosy fampiasa an-kabone

d Toilettebürschteli

borosinify

d Zahbürstä

famotsia-nify

d Zahpasta

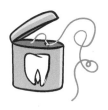

kofehy fanadiova-nify

d Zahnsiide

manasa

wäsche

fisaika enti-tànana

d Handduschi

fanadiovana fivaviana

d Intiimduschi

kovetabe

s Wöschbecki

borosin-damosina

d Ruggäbürste

savony

d Seifä

mpiasa rehefa misaika

s Duschgel

shampoo

s Shampoo

fonon-tànana enti-misaika

dr Waschlappä

tɛiranoka

dr Abfluss

crèmɛ fanoɛotra

d Creme

fanalana fofona

s Deo

fitaratra

dr Spiegel

fitaratra fihaingo

dr Handspiegel

hareza

dr Rasierer

raotra fiharatra

dr Rasierschuum

menaka haratra

s Aftershave

fiogo

dr Schträäl

borosy

d Bürstä

fitaovana fanamainam-bolo

dr Föhn

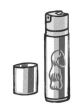

atsifotra amin'ny volo

s Hoorspray

fikarakarana tarehy

s Makeup

lokomena

dr Lippestift

haingo hoho

dr Nagellack

vohavohan-dandihazo

d Wattä

fanapahana hoho

d Nagelscher

ranomanitra

s Parfum

erana fitaovana an-
·kabone·
s Necessaire

sezabory
dr Schemel

fandanjana olona
d Waag

ıkanjo enti-matory
dr Badmantel

fonon-tànana enti-manadio
dr Gummihändscheh

servieta fanary
s Tampon

ba fampiasa amin'ny
fadimbolana
d Damebinde

kabone simika
d chemischi Toilette

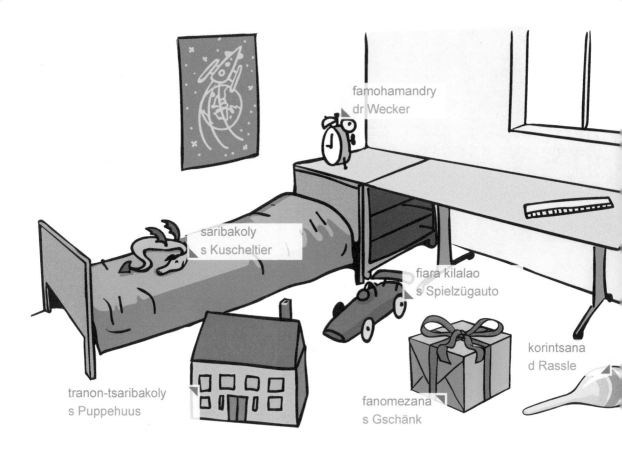

famohamandry
dr Wecker

saribakoly
s Kuscheltier

fiara kilalao
s Spielzügauto

korintsana
d Rassle

tranon-tsaribakoly
s Puppehuus

fanomezana
s Gschänk

balaonina

dr Ballon

fandriana

s Bett

posety

dr Chinderwage

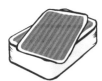

lalao karatra

s Chartespiel

puzzle

s Puzzle

sariitatra

dr Comic

lalao legô

d Legos

kilalao fananganana trano

d Baustei

sarivongana kely

d Action Figur

grenera

s Strampli

Frisbee

s Frisbee

mobile

s Mobile

jeu de société

s Brättspiel

kodiakely

dr Würfäl

lamasinina kely

d Modellisebahn

solonono

dr Nuggi

fety

d Party

boky feno sary

s Bilderbuch

baolina

dr Ball

saribakoly

d Puppä

milalao

spiele

kovetam-pasika

dr Sandchaschte

savily

d Gigampfi

kilalao

s Spielzüg

kilalao video

d Videospielkonsole

tricycle

s Dreirad

teddy orsa

dr Teddy

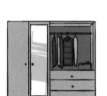

fitoeran'akanjo

dr Chleiderschrank

akanjo
d Chleidig

bà kiraro

d Sockä

bàn-tongotra

d Strümpf

akanjo manara-batana

d Strumpfhosä

foloara
dr Schal

ehin-kibo
r Gürtel

elo
dr Rägeschirm

t-shirt
s T-Shirt

baoty
dr Stiefel

kapa fitondra an-trano
d Badschlappe

kiraro tenisy
d Turnschueh

kapa

d Sandalä

kiraro

d Schueh

baoty fingotra

d Gummistiefel

atinakanjo

d Untrhosä

tatinono

dr BH

akanjo feno

s Underlibli

vatana

dr Body

pataloha

d Hosä

jean

d Jeans

zipo

dr Rock

akanjo ambony

d Bluse

lobaka

s Hömli

pull

dr Pulli

akanjo sarotro

dr Kapuzepulli

palitao

dr Blazer

palitao

d Jacke

palitao

dr Mantel

akanjo aro-orana

dr Rägämantel

akanjo fianjaika

s Chostüm

fitafim-behivavy

s Chleid

akanjon'ny ampakarina

s Hochziitskleid

akanjo fianjaika
....
dr Ahzug

akanjo-mandry
....
s Nachthömli

pijamà
....
s Pyjama

sari
....
dr Sari

sarondoha
....
s Chopftuäch

turban
....
dr Turban

burqa
....
d Burka

kaftan
....
dr Kaftan

abaya
....
d Abaya

njo fitondra milomano
....
s Badchleid

akanjo fitondra milomano
....
d Badhose

pataloha fohy
....
d churzi Hosä

akanjo fitena
....
dr Trainer

tablie
....
d Schürze

fonon-tànana
....
d Händsche

bokotra

dr Chnopf

solomaso

d Brüllä

brasele

s Armband

rojo

d Chetti

peratra

dr Ring

kavina

dr Ohrering

satroka

d Chappe

fanantonana palitao

dr Chleiderbügel

satroka

dr Huet

fehivozo

d Grawattä

hidikorisa

dr Riissverschluss

aroloha

dr Helm

beritelo

dr Hosäträger

fanamian'ny mpianatra

d Schueluniform

fanamiana

d Uniform

bavoara
....
s Lätzli

solonono
....
dr Nuggi

taty
....
d Windle

birao
s Büro

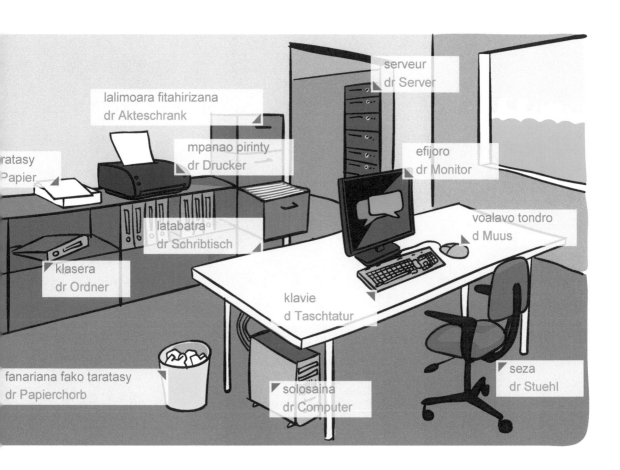

serveur
dr Server

lalimoara fitahirizana
dr Akteschrank

mpanao pirinty
dr Drucker

efijoro
dr Monitor

ratasy
Papier

latabatra
dr Schribtisch

voalavo tondro
d Muus

klasera
dr Ordner

klavie
d Taschtatur

fanariana fako taratasy
dr Papierchorb

solosaina
dr Computer

seza
dr Stuehl

kaopin-kafe
....
dr Kafibächer

mpikajy
....
dr Tascherächner

aterineto
....
s Internet

solosaina maivana

dr Laptop

taratasy

dr Brief

hafatra

d Nochricht

mobile

s Mobiltelefon

tambajotra

s Netzwärk

imprimante

dr Kopierer

rindrambaiko

d Software

finday

s Telefon

prizy

d Steckdosä

fax

s Fax

efitra fenoina

s Formular

fehezan-taratasy

s Dokumänt

mividy

chaufe

mandoa vola

zahle

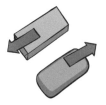

misera

handle

vola

s Gäld

USD

dôlara

dr Dollar

EUR

euro

dr Euro

JPY

yen

dr Yen

RUB

rouble

dr Rubel

CHF

Franc suisse

dr Frankä

CNY

renminbi yuan

dr Renminbi Yuan

INR

roupie

d Rupie

fangalàna vola

dr Gäldautomat

toerana fanakalozana vola

d Wächselstube

volamena

s Gold

volafotsy

s Silber

solika

s Öl

angovo

d Energie

vidiny

dr Preis

fifanekena

dr Vertrag

hetra

d Stüür

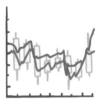

action borsa

d Aktie

miasa

schaffe

mpiasa

dr Mitarbeiter

mpampiasa

dr Arbeitgeber

orinasa

d Fabrik

fivarotana

s Gschäft

itandro filaminana
Polizischt

mpamonjy voina
dr Füürwehrmaa

mahandro
dr Choch

dokotera
dr Arzt

mpanamory
dr Pilot

ikarakara zaridaina

dr Gärtner

mpandrafitra

dr Zimmermah

vehivavy mpanjaitra

d Näheri

mpitsara

dr Richter

mpahay simia

dr Chemiker

mpilalao sarimihetsika

dr Darsteller

mpamily fiara fitateram-
bahoaka
....
dr Busfahrer

mpamily fiarakaretsaka
....
dr Taxifahrer

mpanjono
....
dr Fischer

vehivavy mpanadio
....
d Putzfrau

mpanao tafo
....
dr Dachdecker

mpandroso sakafo
....
dr Chällner

mpihaza
....
dr Jäger

mpandoko
....
dr Moler

mpanao mofo
....
dr Bäcker

elektrisianina
....
dr Elektriker

mpanao trano
....
dr Bauarbeiter

injeniera
....
dr Ingenieur

mivaro-kena
....
dr Schlachter

plombier
....
dr Klämpner

faktera
....
dr Pöschtler

miaramila

dr Soldat

mpanao mari-trano

dr Architekt

mpandray vola

dr Kassierer

pivarotra voninkazo

dr Florischt

mpanao volo

dr Frisör

mpizara tapakila

dr Kontrolleur

mpahay mekanika

dr Mechaniker

kapiteny

dr Kapitän

mpitsabo nify

dr Zahnarzt

siantifika

dr Wüsseschaftler

raby

dr Rabbi

imam

dr Imam

moanina

dr Mönch

pretra

dr Pfarrer

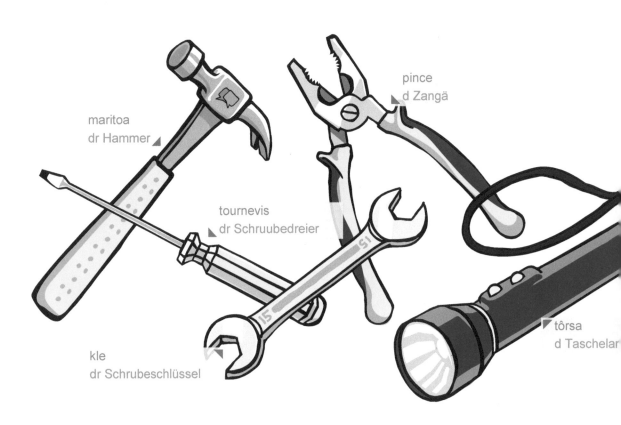

maritoa
dr Hammer

tournevis
dr Schruubedreier

pince
d Zangä

kle
dr Schrubeschlüssel

tôrsa
d Taschelar

pelleteuse
dr Bagger

boaty fanisy fitaovana
dr Werkzüügchaschte

tohatra
d Leitere

tsofa
d Sagi

fantsika
d Negel

perceuse
dr Bohrer

manarina

flicke

lapela

d Schufle

Kyy!

Mischt!

angadim-pako

d Ascheschufle

boatin-doko

dr Farbchübel

visy

d Schruube

zava-maneno
d Musiginstrumänt

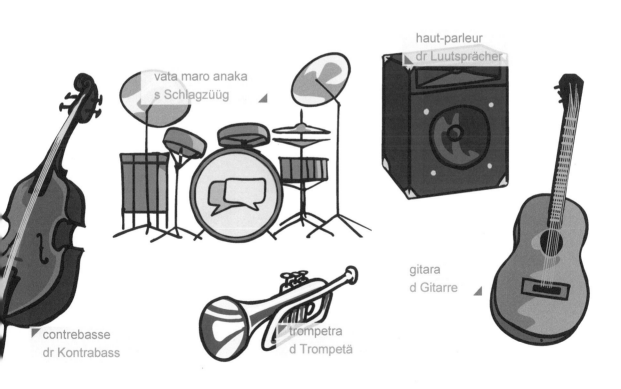

haut-parleur
dr Luutsprächer

vata maro anaka
s Schlagzüüg

gitara
d Gitarre

contrebasse
dr Kontrabass

trompetra
d Trompetä

vata maro afitsoka

s Klavier

lokanga

d Violine

basse

dr Bass

amponga timpani

d Pauke

aponga

d Trummle

klavie

s Keyboard

saksa

s Saxophon

sodina

d Flöte

mikrao

s Mikrofon

tigra
dr Tiger

fidirana
dr Iigang

tranon-gadra
dr Chäfig

zebra
s Zebra

sakafom-biby
s Tierfueter

pandà
dr Pandabär

biby
d Tier

elefanta
dr Elefant

kangoroa
s Känguru

rinôserôsy
s Nashorn

gôrila
dr Gorilla

orsa
dr Bär

rameva

s Kamel

aotrisy

dr Struss

liona

dr Leu

rajako

dr Aff

sama

dr Flamingo

boloky

dr Papagei

orsa polera

dr Iisbär

pengoa

dr Pinguin

atsantsa

dr Hai

vorombola

dr Pfau

bibilava

d Schlangä

voay

s Krokodil

mpiandry valan-javaboary

dr Zoowärter

fôko

d Robbä

jagoara

dr Jaguar

poney

s Pony

leopara

dr Leopard

hipôpôtamo

s Nilpfärd

zirafa

d Giraff

voromahery

dr Adler

lambo

s Wildschwein

trondro

dr Fisch

sokatra

d Schildkrot

môrsa

s Walross

renard

dr Fuchs

gazely

d Gazelle

Football amerikana
s American Football

hazakazaka am-bisikileta
s Velofahre

tennis
s Tennis

baskety
dr Basketball

lomano
s Schwümmä

boxe
s Boxä

hockey an-dranoma
s Iishockey

baolina kitra
dr Fuessball

badminton
s Badminton

atletisma
d Liechtathletik

handball
dr Handball

ski
s Skifahre

polo
s Polo

mihomehy
lachä

nbikina
ä

mamihina
umarme

mihira
singe

mandeha
gah

manonofy
troime

mivavaka
bätte

manoroka
küssä

manoratra

schribe

manao sary

zeichne

maneho

zeige

manosika

schiebe

manome

gäh

mandray

näh

manana

händ

manao

mache

mizovy

sy

mijoro

stah

mihazakazaka

laufe

misintona

zieh

manary

rüerä

lavo

fallä

mandry

ligge

miandry

warte

mitondra

träge

mipetraka

sitze

miakanjo

ahzieh

matory

schlafe

mifoha

ufwache

mijery

ahluege

mitomany

brüele

fahatapahan'ny lalan-dra

striichle

fiogo

bürste

miresaka

redä

mahay

verschtah

milaza

froog

mihaino

lose

misotro

trinke

mihinana

ässe

mandamina

ufruume

mitia

liebe

mahandro

chochä

mamily

fahre

lalitra

flüge

miandriaka

segle

mikajy

rächne

mamaky

läse

mianatra

leerä

miasa

schaffe

mivady

hürate

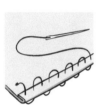

manjaitra

näije

miborosy nify

Zäh putze

mamono

töte

mifoka

schlootä

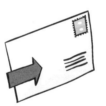

mandefa

sände

ssmuetter

dadabe
dr Grossvater

ray
dr Vatter

reny
d Muetter

zaza
s Baby

zanaka vavy
d Tochter

zanaka lahy
dr Sohn

vahiny

dr Gast

nenitoa

d Tante

dadatoa

dr Unkel

rahalahy

dr Brüeder

rahavavy

d Schwöschter

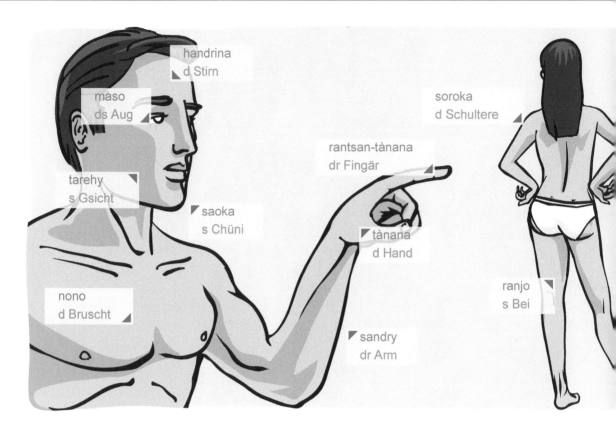

handrina
d Stirn

maso
ds Aug

soroka
d Schultere

rantsan-tànana
dr Fingär

tarehy
s Gsicht

saoka
s Chüni

tànana
d Hand

ranjo
s Bei

nono
d Bruscht

sandry
dr Arm

zaza
s Baby

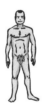

lehilahy
dr Mah

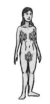

vehivavy
d Frau

vavy
s Meitli

lahy
dr Bueb

loha
dr Chopf

lamosina

dr Ruggä

kibo

dr Buuch

foitra

dr Buchnabel

rantsan-tongotra

dr Zäche

voditongotra

d Fersä

taolana

d Knoche

valahana

d Hüfte

lohalika

s Chnü

kiho

dr Ellbogä

orona

d Nase

vody

s Füdli

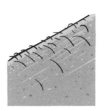

hoditra

d Hut

takolaka

d Bagge

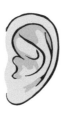

sofina

s Ohr

molotra

d Lippe

vava

s Muul

nify

dr Zah

lela

d Zungä

saina

s Hirni

fo

s Härz

ozatra

dr Muskel

havokavoka

d Lungä

aty

d Läberä

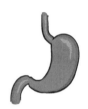

vavony

dr Magen

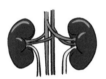

voa

d Nierä

firaisana ara-nofo

dr Gschlächtsvrkehr

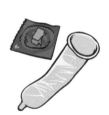

fimailo

s Kondom

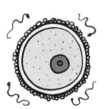

tsirivavy

d Eizälle

ranonaina

dr Soome

vohoka

d Schwangerschaft

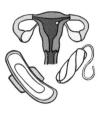

fadimbolana
....
d Menstruation

fivaviana
....
d Vagina

filahiana
....
dr Penis

volomaso
....
d Augebrauä

volo
....
s Haar

tenda
....
dr Hals

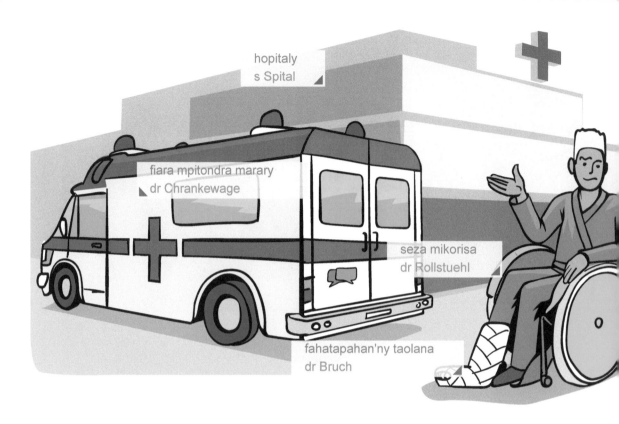

hopitaly
s Spital

fiara mpitondra marary
dr Chrankewage

seza mikorisa
dr Rollstuehl

fahatapahan'ny taolana
dr Bruch

dokotera
dr Arzt

efitra vonjy taitra
d Notufnahm

mpitsabo mpanampy
d Chrankeschwöschter

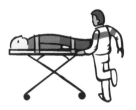

vonjy taitra
dr Notfall

tsy mahatsiaro tena
ohnmächtig

fanaintainana
dr Schmärz

faharatràna

d Verletzig

mandeha rà

d Bluätig

aretim-po

dr Härzinfarkt

tapahan'ny lalan-dra

dr Schlagahfall

tsy fahazakana sakafo

d Allergie

kohaka

dr Hueschtä

tazo

s Fieber

gripa

d Grippe

fivalanana

dr Durchfall

aretin'an-doha

d Kopfschmärze

homamiadana

dr Kräbs

diabeta

dr Diabetes

okolera mpandidy

dr Chirurg

antsy fandidiana

s Skalpell

fandidiana

d Operation

TC
....
s CT

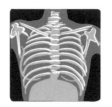

taratra X
....
s Röntgä

ekôgrafia
....
s Ultraschall

saron-tava
....
d Gsichtsmaske

aretina
....
d Krankhet

efitrano fiandrasana
....
s Wartezimmer

tehina
....
d Krückä

taha fery
....
s Pflaster

bandy
....
dr Vrband

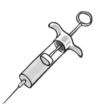

tsindrona
....
d Injektion

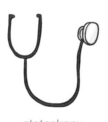

stetoskopy
....
s Stethoskop

filanjana marary
....
d Trage

fitaovana fitsapana
hafanana
s Thermometer

fahaterahana
....
d Geburt

hatavezana tafahoatra
....
s Übergwicht

ovana fandrenesana

s Hörgrät

famonoana mikraoba

s Desinfektionsmittel

fifindràna aretina

d Infektion

viriosy

s Virus

VIH / SIDA

s HIV / AIDS

fitsaboana

d Medizin

vaksiny

d Impfig

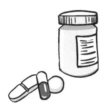

pilina

d Tablette

pilina

d Pille

antso vonjy taitra

dr Notruef

fitaovana fitsapana tosi-drà

s Bluetdruck-Mässgrät

marary / salama

chrank / gsund

Vonjeo!

Hiufe!

antso fanairana

dr Alarm

herisetra

dr Überfall

vono

dr Ahgriff

loza

d Gfohr

fivoahana raha misy loza

dr Notuusgang

Afo!

Füür!

fitaovam-pamonoana afo

dr Füürlöscher

loza

dr Unfall

fitaovam-pitsaboana
vonjimaika

dr Ersti-Hilf-Koffer

SOS

SOS

pôlisy

d Polizei

Eoropa

s Europa

Amerika avaratra

s Nordamerika

Amerika atsimo

s Südamerika

Afrika

s Afrika

Azia

s Asie

Aostralia

s Auschtralie

Atlantika

dr Atlantik

Pasifika

dr Pazifik

Ranomasimbe Indiana

dr Indische Ozean

Oseana Antarktika

Antarktische Ozean

Oseana Arktika

dr Arktische Ozean

Tendrotany avaratra

dr Nordpol

Tendrotany atsimo

dr Südpol

Antarktika

d Antarktis

tany

d Ärde

tany

s Land

ranomasina

s Meer

nosy

d Inslä

tanindrazana

d Nation

firenena

dr Staat

am-pamantaranandro

s Ziffereblatt

tondro ora

dr Stundezeiger

tondro minitra

dr Minutezeiger

tondro segondra

dr Sekundezeiger

Amin'ny firy izao?

Wie spaht isch es?

andro

dr Tag

fotoana

d Zit

izao

jetzt

famantaranandro niomerika

d Digitaluhr

minitra

d Minute

ora

d Stunde

herinandro
d Wuche

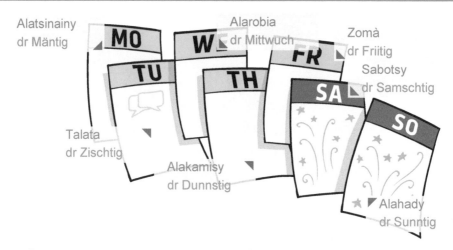

Alatsinainy
dr Mäntig

Alarobia
dr Mittwuch

Zomà
dr Friitig

Sabotsy
dr Samschtig

Talata
dr Zischtig

Alakamisy
dr Dunnstig

Alahady
dr Sunntig

omaly

geschter

androany

hüt

ampitso

morn

maraina

dr Morgä

atoandro

dr Mittag

hariva

dr Aabig

MO	TU	WE	TH	FR	SA	SU
1	2	3	4	5	6	7
8	9	10	11	12	13	14
15	16	17	18	19	20	21
22	23	24	25	26	27	28
29	30	31	1	2	3	4

adro fiasàna

d Wärktag

MO	TU	WE	TH	FR	SA	SU
1	2	3	4	5	6	7
8	9	10	11	12	13	14
15	16	17	18	19	20	21
22	23	24	25	26	27	28
29	30	31	1	2	3	4

faran'ny herinandro

s Wuchenänd

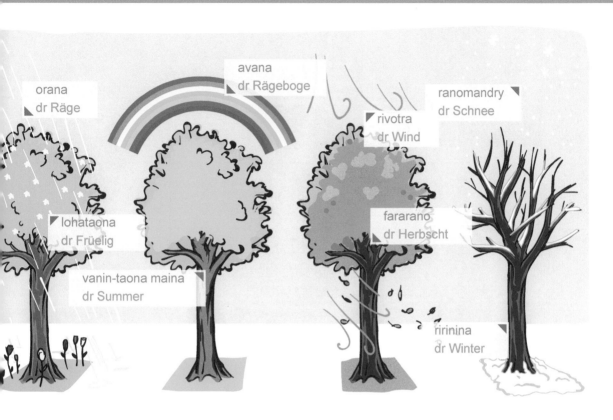

orana
dr Räge

avana
dr Rägeboge

rivotra
dr Wind

ranomandry
dr Schnee

lohataona
dr Früelig

fararano
dr Herbscht

vanin-taona maina
dr Summer

ririnina
dr Winter

avina ara-toetrandro

Wättervorhärsag

thermomètre

s Thermometer

tara-masoandro

dr Sunneschiin

rahona

d Wolkä

zavona

d Näbel

hamandoana

d Fiechtigkeit

tselatra

dr Blitz

kotroka

dr Dunner

tafio-drivotra

dr Sturm

havandra

d Hagel

fahavaratra

dr Monsun

tondra-drano

d Fluet

vaingan-drano

s Iis

Janoary

dr Januar

Febroary

dr Februar

Martsa

dr März

Avrila

dr April

Mey

dr Mai

Jiona

dr Juni

Jolay

dr Juli

Aogositra

dr Auguscht

Septambra

dr Septämber

Oktobra

dr Oktober

Novambra

dr Novämber

Desambra

dr Dezämber

endrika
d Forme

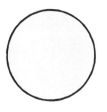

boribory

dr Kreis

efamira

s Quadrat

efajoro

s Rächteck

telozoro

s Dreieck

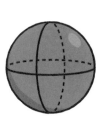

bola

d Chugele

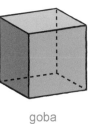

goba

dr Würfel

fotsy
....
pink

mavo
....
grau

laoranjy
....
gäl

mavokely
....
liila

mena
....
rot

voloparasy
....
bruun

manga
....
blau

maitso
....
schwarz

volotany
....
orange

volondavenona
....
wiss

mainty
....
grüen

betsaka / vitsy

viel / wenig

tezitra / tony

hässig / ruhig

tsara / ratsy

hübsch / hässlich

ndohana / fiafarana

dr Ahfang / s Ändi

lehibe / kely

gross / chli

mazava / maloka

hell / dunkel

ahalahy / rahavavy

üeder / d Schwöschter

madio / maloto

suuber / dräckig

feno / banga

vollständig / unvollständig

andro / alina

dr Tag / d Nacht

maty / velona

tot / läbig

malalaka / tery

breit / schmal

azo hanina / tsy fihinana

ässbar / nid ässbar

tsivalahara / tsara fanahy

bös / fründlich

endratra / sorena

uffreggt / glangwilt

matavy / mahia

dick / dünn

voalohany / farany

zerscht / zletscht

mpinamana / mpifahavalo

dr Fründ / dr Find

feno / foana

voll / läär

mafy / malefaka

hart / weich

mavesatra / maivana

schwer / liecht

noana / mangetaheta

dr Hunger / dr Durscht

marary / salama

chrank / gsund

tsy ara-dalàna / ara-dalàna

illegal / legal

mahay / vendrana

intelligänt / gatz

havia / havanana

links / rächts

akaiky / lavitra

nöch / wiit weg

vaovao / tranainy

neu / bruucht

tsy misy / misy

nüt / öpis

antitra / tanora

alt / jung

mandeha / maty

ah / uss

mivoha / mihidy

offe / zue

mangina / mitabataba

lislig / luut

ankarena / mahantra

riich / arm

marina / diso

richtig / falsch

marokoroko / malama

rau / glatt

malahelo / faly

truurig / glücklich

fohy / lava

churz / lang

mora / faingana

langsam / schnäll

mando / maina

nass / trochä

mafana / mangatsiaka

warm / chalt

ady / fahalemana

dr Chrieg / dr Friede

0

aotra

Null

1

iray

eis

2

roa

zwei

3

telo

drü

4

efatra

vier

5

dimy

foif

6

enina

sächs

7

fito

sibe

8

valo

acht

9

sivy

nün

10

folo

zäh

11

iraikambinifolo

elf

12

roambinifolo

zwölf

13

teloambinifolo

drizäh

14

efatrambinifolo

vierzäh

15

dimiambinifolo

füfzäh

16

eninambinifolo

sächzäh

17

fitoambinifolo

siebzäh

18

valoambinifolo

achtzäh

19

siviambinifolo

nünzäh

20

roapolo

zwänzg

100

zato

Hundert

1.000

arivo

Tuusig

1.000.000

tapitrisa

Million

Anglisy

Änglisch

Anglisy amerikana

Amerikanischs Änglisch

Fiteny sinoa mandarina

Chinesisch Mandarin

Hindi

Hindi

Espaniola

Spanisch

Frantsay

Französisch

Fiteny arabo

Arabisch

Fiteny rosiana

Russisch

Portogey

Portugiesisch

Bengaly

Bengalisch

Alemà

Dütsch

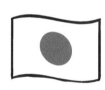

Japoney

Japanisch

izaho
ich

ianao
du

izy / io
är / sie / es

isika
mir

ianao
ihr

zareo
sie

iza?
wär?

inona?
was?

ahoana?
wie?

aiza?
wo?

oviana?
wänn?

anarana
Name

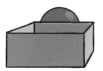

aorina

hinder

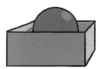

anaty

in

anoloana

vor

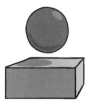

any

über

ambony

uf

ambany

under

ankila

näbe

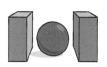

afovoany

zwüsche

toerana

dr Ort

CPSIA information can be obtained
at www.ICGtesting.com
Printed in the USA
LVHW072033020920
664820LV00007B/313